AZIZ DJENDLI

MANDELA
UMA ESTRATÉGIA
DO BEM

Título original
Nelson Mandela, une strategie du bien
© 2017 Aziz Djendli

Coordenação editorial
Laura Di Pietro

Capa, projeto gráfico e diagramação
Marcelo Pereira | Tecnopop

Foto da capa
© por Media 24 | Gallo Images | Getty Images

Revisão
Zeneide Jacob
Gerusa Bondan

Este livro atende às normas do Novo Acordo Ortográfico
em vigor desde janeiro de 2009.

Dados internacionais de Catalogação na Publicação (CIP)

D624m

　Djendli, Aziz
　　Mandela : uma estratégia do bem / Aziz Djendli ;
　tradução: Isabel Janot. — 2. ed. — Rio de Janeiro :
　Roça Nova, 2020.
　　112 p. ; 20 cm.

　　Tradução de: Nelson Mandela, une strategie du bien.

　　ISBN 978-65-87796-03-1

　　1. Mandela, Nelson, 1918-2013 2. Psicologia
　positiva. 3. Não-violência. I. Janot, Isabel II. Título.

CDD 158

Roberta Maria de O. V. da Costa – Bibliotecária CRB-7 5587

[2020]

Todos os direitos reservados à
Editora Roça Nova Ltda.
+55 21 997860746
editora@rocanova.com.br
www.rocanova.com.br

SUMÁRIO

PRÓLOGO **7**

PRIMEIRA PARTE A ESTRATÉGIA DO BEM

DADOS BIOGRÁFICOS NECESSÁRIOS **13**
APRENDER A TER UMA "VISÃO" **14**
O HOMEM QUE SE IRRITAVA COM FREQUÊNCIA **18**
A NATUREZA HUMANA **18**
VISÃO E DISCIPLINA **20**
OS VALORES MANDELA **21**
A CHAVE **24**
O APRIMORAMENTO INTERIOR **25**
PRATICAR A MEDITAÇÃO **26**
A ESTRATÉGIA DO PERDÃO **28**
PRISÕES INTERIORES E NEUROCIÊNCIA **29**
REGRAS E ESTRATÉGIA DO BEM **30**
A DISCIPLINA **31**
AUMENTAR A NECESSIDADE INTERIOR DE LIBERTAÇÃO **33**
A PRISÃO DOURADA **34**
A DISCIPLINA DA ESPERANÇA **35**
A COOPERAÇÃO COM O NEGATIVO
    OU O FORTALECIMENTO DA PRISÃO **36**
O SEMELHANTE ATRAI O SEMELHANTE **40**
O EU OU O EGO **40**
O CONCEITO DE ESFORÇO **47**
PLENITUDE E REALIZAÇÃO PESSOAL **47**
A HONESTIDADE **48**
A SINCERIDADE **49**

A SIMPLICIDADE 50

A HUMILDADE 50

A GENEROSIDADE GENUÍNA 51

AUSÊNCIA DE VAIDADE 51

A VONTADE DE SERVIR AOS OUTROS 53

LIBERTAÇÃO E OPRESSÃO INTERIOR 53

LIBERTAR O OPRESSOR E O OPRIMIDO 54

RECAIR E NOVAMENTE SE LEVANTAR 55

NEUROCIÊNCIA, CULPA E MUDANÇA 56

NEUROCIÊNCIA, BONDADE E PRESENÇA 57

DEPRESSÃO OU FALTA DE ALEGRIA 58

DESESPERO E ALEGRIA 59

EFEITOS DO DESESPERO 61

EFEITOS DA ALEGRIA 61

DO QUE NOS LIBERTAMOS COM A DISCIPLINA DA ALEGRIA E DA ESPERANÇA? 62

PASSIVIDADE E ATIVIDADE 63

O INIMIGO PARCEIRO 65

A LIBERDADE EMOCIONAL E MENTAL 65

A SINCERIDADE E A VERDADE 66

BRIGAS DE CASAL 67

TRABALHAR E SE LIBERTAR COM O CORPO 68

SÍNTESE 69

SEGUNDA PARTE A DISCIPLINA DOS BENEVOLENTES

A FALSA DISCIPLINA 79

A MEDITAÇÃO ATIVA 80

CRIAR UM HÁBITO 81

DO CONTATO NASCE A LUZ 82

O APRENDIZADO DA FUGA DE SI MESMO 83

A DISCIPLINA DO CONTATO CONSIGO MESMO 84

RESULTADOS PREVISÍVEIS E CLÁSSICOS DA PRÁTICA
   DO CONTATO CONSIGO MESMO **86**
ESSE "ALGO" QUE DIZ NÃO À VERDADEIRA BENEVOLÊNCIA **88**
O SÁBIO E O DIABO **90**
O ATRATIVO DOS CONDICIONAMENTOS **91**
O REGIME COMPORTAMENTAL **93**
AS EXPECTATIVAS ILUSÓRIAS **94**
A ALEGRIA DOS BENEVOLENTES **95**
A PORCENTAGEM DE BENEVOLÊNCIA **96**
DISCIPLINA E ALEGRIA **97**
ENCRUZILHADAS COMPORTAMENTAIS **98**
A FRUSTRAÇÃO POSITIVA **99**
A NÃO COOPERAÇÃO DE GANDHI **99**
O DESCONHECIMENTO E A REJEIÇÃO INCONSCIENTE
   DA DISCIPLINA **100**
UMA HISTÓRA REAL **101**
O PENSAMENTO PRIMITIVO **101**
O ATRATIVO DA INDISCIPLINA **102**
A ORIGEM DO ATRATIVO DA INDISCIPLINA **103**
MANDELA, GANDHI E A DISCIPLINA VITAL **103**
SER SEU PRÓPRIO COACH **104**
POR QUE ESCOLHER A COMPAIXÃO, O PERDÃO E A PAZ ATIVA **105**
COMPAIXÃO VERSUS REJEIÇÃO **106**
DEFINIR UM OBJETIVO **108**
INTELECTUALISMO E FALTA DE OBJETIVO **108**
PROVÉRBIO ORIENTAL 1 **109**
RECAPITULANDO A ESTRUTURA DA DISCIPLINA
   DOS BENEVOLENTES **109**
MANDELA, GANDHI E O DALAI LAMA **110**
PROVÉRBIO ORIENTAL 2 **110**
CONCLUSÃO **111**

PRÓLOGO

Caro leitor, essa obra não é uma biografia de Nelson Mandela nem uma análise sobre sua vida. Esses trabalhos já foram realizados por especialistas no assunto.

Minha intenção, aqui, é oferecer a você um método e uma reflexão sobre a capacidade que temos de promover uma mudança positiva na nossa vida cotidiana, a partir do legado de Mandela.

Como aprender a desenvolver a capacidade de perdão e benevolência?

Por que a bondade e a benevolência exigem uma grande disciplina para que possam ser aplicadas de maneira eficaz?

Para a realização dessa obra, foi necessário um conhecimento profundo e amplo da vida de Mandela e de seus escritos.

Hoje, muitas são as pessoas que sentem, sinceramente, a falta que Mandela faz nesse mundo.

Essa é uma verdade da qual compartilho plenamente. Ao mesmo tempo, a herança de sua atitude e de seu comportamento, sua visão de mundo e sua espiritualidade continuam presentes, ao alcance de qualquer um, para serem aplicadas na família, no trabalho ou com as pessoas mais próximas.

Baseado na minha experiência, esse livro pretende ser um guia para a aquisição de um método inspirado no pensamento de Mandela, um processo orientado para ajudar você, leitor, a alcançar o desejo de seu coração: tornar-se uma pessoa melhor.

Uma intenção forte e contundente está presente em todos os tópicos dessa obra. Desejo que você a sinta profundamente para que se alimente do calor, da bondade, da inteligência de coração e do espírito de Mandela.

Sem sombra de dúvida, essa intenção levará você a aprofundar sua amizade por Mandela, passando, assim, da admiração à prática de seus ensinamentos na vida cotidiana.

Tenhamos uma coisa em mente: a admiração que sentimos por Mandela se deve ao fato de que, em nossa alma e em nosso espírito, está presente o reconhecimento de nossa capacidade de ser.

Mandela reflete uma potência de espírito que, no fundo, cada um de nós desejaria assumir para si mesmo e para os outros.

Assim, caro leitor, espero que você tenha uma boa leitura e um bom percurso em companhia do espírito de Mandela e de seu legado comportamental. Desejo a você, de todo coração, que faça bom uso das ferramentas e informações que esse livro pode lhe oferecer.

Aziz Djendli

PRIMEIRA PARTE
A ESTRATÉGIA DO BEM

*Uma boa cabeça e um bom coração fazem
uma combinação formidável.*

*O mais difícil não é mudar a sociedade,
mas mudar a si mesmo.*

*O fato de poder parar e meditar nos oferecia a
maravilhosa oportunidade de mudar.*

Nelson Mandela

DADOS BIOGRÁFICOS NECESSÁRIOS

Na nossa perspectiva, a vida de Mandela pode ser dividida em três períodos:

» a vida antes da prisão
» a vida durante a prisão
» a vida depois da prisão

Para aqueles que, por ventura, não sabem, Nelson Mandela passou vinte e sete anos na prisão.

Esse acontecimento foi, obviamente, uma prova terrível para ele e para sua família.

Mandela costumava dizer que o cárcere lhe permitiu perceber o que ele nunca teria percebido em outro contexto.

E foi nesse contexto bastante hostil que ele pôde se conhecer muito melhor e sedimentar, em sua essência, a força do perdão, a unidade, a estratégia do bem e a reconciliação.

Sem dúvida, numa escala muito menor, todos nós já passamos por situações injustas que nos conduziram facilmente ao rancor ou à rejeição.

Dito de outra maneira, é muito provável que todos nós já tenhamos vivido alguma espécie de *apartheid* nas relações familiares ou sociais.

Também é muito provável que cada um de nós

guarde rancores mais ou menos ocultos, bem como sentimentos de vingança, de raiva, de "fazer o outro pagar", como se costuma dizer.

Afinal, por que perdoar ou se reconciliar com alguém que nos tratou ou nos trata mal?

Por que, sinceramente, tratar bem uma pessoa que não nos quer bem nem nos faz nenhum bem?

É aí que a "visão Mandela" entra em jogo.

APRENDER A TER UMA "VISÃO"

Uma visão que não é acompanhada pela ação é apenas um sonho.
NELSON MANDELA

O fundamento mental e espiritual da "força de espírito" de Mandela vem, do nosso ponto de vista, da visão da vida que ele queria para os outros e para ele próprio.

Essa visão, aplicada em sua vida cotidiana, permitiu que ele incorporasse um perdão verdadeiro e sincero em relação a pessoas que o haviam tratado muito mal.

Como a história demonstrou, isso fez com que ele despertasse, no outro, uma forma de respeito íntimo e de adesão mais ou menos intensa a essa visão positiva e pragmática.

Como aprender a desenvolver esse sentido da visão?

Destinando um tempo para pensar sobre si mesmo, sobre a própria conduta, sobre tudo que dificulta ou impede a manutenção da atitude positiva e do comportamento correto que se deseja incorporar e consolidar.

Nesse sentido, a prisão pode ser um lugar funcional, porque, nela, você é obrigado a estar, o tempo todo, consigo mesmo, numa proximidade inevitável; e, além disso, num ambiente de grande hostilidade.

Uma visão supõe a fidelidade a uma norma de conduta que se adotou livremente e se decidiu seguir de forma definitiva.

Para que essa visão funcione realmente, ela deve se originar de uma combinação entre o "coração" e a "cabeça".

Não é algo puramente intelectual. Se assim fosse, não seria uma visão, e sim um capricho que desabaria diante da menor adversidade.

Certa vez, tratei de um paciente que brigava muito com sua esposa. Um dia, ele me falou de sua vontade sincera de acabar com esse mau hábito.

Ele me pediu ajuda e eu sugeri que ele pensasse livremente sobre o que o motivou a querer abandonar esse hábito, e que ele procurasse produzir, em seu interior, uma visão que o ajudasse, o máximo possível, a alcançar esse objetivo.

Após muitos fracassos, ele conseguiu estabelecer uma visão que funciona até hoje e o ajuda no seu dia a dia.

Uma visão que não é acompanhada pela ação é apenas um sonho.

Eis a visão: ele me disse ter se dado conta de que, acima de tudo, o que ele amava era a paz, porque a paz lhe proporcionava uma sensação boa de si mesmo e acalmava sua família.

Na medida em que ele estava em consonância consigo mesmo, e que essa ideia tinha se arraigado em seu interior de forma profunda e honesta, sempre que via uma situação de conflito se aproximando, a visão despertava em sua consciência para lhe indicar o caminho a não seguir.

Tendo a natureza horror do vazio, uma vez que se abandona as respostas automáticas e se segue a visão, aparece, de maneira natural, em caso de conflito, uma criatividade comportamental que pode se manifestar por meio do humor ou de uma atitude relaxada e que resulta relaxante para todos.

Segundo o nosso ponto de vista, o rancor, a vingança e os maus tratos não derivam de uma visão, mas sim de automatismos mentais e emocionais.

A visão aumenta a liberdade interior, refina a consciência e desenvolve o desapego de si mesmo.

Com o termo "desapego", remeto-me a uma noção muito prática e funcional de distanciamento de si mesmo e de seus automatismos, uma capacidade de estar em uma espécie de desacordo positivo com, por exemplo, a tendência a sentir rancor, e não se deixar levar por ela.

Uma visão supõe que, ao se cair em atitudes

indesejadas, como ocorre muitas vezes na vida, a pessoa se levante para voltar ao caminho traçado por essa visão.

O HOMEM QUE SE IRRITAVA COM FREQUÊNCIA

Um homem tinha o hábito de se irritar constantemente.
Um dia, conversando com um amigo sobre assuntos diversos, ele lhe explicou por que se irritava com tanta frequência.
— Olha, é muito simples! No fundo, eu acho que a vida é injusta comigo. Por isso, eu sinto raiva dela e fico ressentido, e eu gosto desse sentimento. Então eu o cultivo e mantenho para não mudar nunca.
— Você não quer mudar?
— Mudar para quê? E... Como?

O ressentimento é um veneno.
Nelson Mandela

A NATUREZA HUMANA

Mandela tinha uma visão e uma crença de que a natureza humana tende para o bem, inclusive em momentos e situações de grande adversidade.

Qual é a sua visão da natureza humana? Refiro-me aqui a algo baseado na sua experiência, na sua reflexão, e que possa ser útil para guiá-lo em sua vida.

A visão de Mandela era uma visão pragmática e provou ser eficaz, como todos sabem.

Preservando dentro de nós uma crença positiva no ser humano e sendo fiel a essa crença no nosso dia a dia, fortalecemos nosso espírito e aumentamos nossa capacidade de benevolência e perdão.

Essa ideia não tem nada a ver com algum tipo de ingenuidade, que só nos conduz ao autoengano, à complacência e à debilidade.

Manter um olhar positivo sobre o outro implica disciplina.

Quando uma pessoa entende por que é interessante para ela desenvolver e manter uma atitude benevolente, sua prática diária se torna mais verdadeira; às vezes pode parecer frágil, mas se mantém sempre ativa.

A força não reside no fato de não recair, mas em se reerguer depois da queda.

Vamos imaginar que você está sozinho em um barco, no meio do oceano, tendo como única companhia uma pessoa de quem você não gosta nem um pouco.

Você, sem dúvida, passaria por uma fase de conflito aberto, expondo claramente sua rejeição por essa pessoa; mas é bem provável que, cedo ou tarde, tanto sua cabeça quanto seu coração se pusessem a trabalhar para buscar, dentro de você, uma maneira de estabelecer um contato real com essa pessoa, por uma questão de harmonia e sobrevivência.

Ninguém quer permanecer em uma situação de conflito indefinidamente, porque conflito, rejeição e rancor consomem muita energia e não proporcionam a paz orgânica e fisiológica de que tanto o corpo quanto o espírito necessitam.

O que se costuma chamar de "a paz dos valentes" não é senão a paz alcançada por ex-inimigos que entenderam que a paz é a melhor solução para ambos.

Assim como existe, no ser humano, uma propensão para a paz e a bondade, existe também uma tendência ao ódio e à rejeição.

Em uma visão positiva, como a de Mandela, o espírito enfatiza a aptidão para o bem.

> *Ninguém nasce odiando o outro por causa de sua cor de pele, cultura ou religião. O ódio é algo que se aprende. Mas o amor também se aprende. E o amor é mais natural que o ódio para o ser humano.*
> NELSON MANDELA

VISÃO E DISCIPLINA

A visão da natureza humana que acabamos de expor

implica manter uma disciplina de conduta cotidiana.

Se você decidir, por meio de sua visão livre e meditada, conectar-se à parte positiva do ser humano, estará reforçando, dentro de você, sua verdadeira capacidade de se manter na bondade, na compaixão e na benevolência.

Da mesma forma, dessa visão da natureza humana derivam valores a serem praticados e aplicados na vida cotidiana.

OS VALORES MANDELA

Eis alguns valores que você, obviamente, conhece bem e que estão aí para proporcionar mais harmonia e bem-estar no seu dia a dia: o perdão, a honestidade, a humildade, a disciplina, o esforço e a exemplaridade.

A questão prática é: como aplicar esses valores na vida cotidiana?

E a resposta básica e funcional é: com disciplina e compromisso.

Uma falsa aplicação do perdão, ou o falso fim do rancor, gera, cedo ou tarde, um aumento da tensão e do ressentimento.

Tudo deve partir da visão e das ações decorrentes dessa visão.

Uma vez que você se compromete, o mais

O ódio é algo que se aprende. Mas o amor também se aprende.

sinceramente possível, a viver segundo esses valores, é de se esperar que encontre dificuldade em aplicá-los em todas as circunstâncias.

É muito difícil manter uma atitude benevolente com alguém que está sendo rude ou desrespeitoso com você.

Esse tipo de situação, comum na vida cotidiana, é que nos sugere fazer, aqui, uma pequena digressão, muito útil, sobre o que poderíamos chamar de prática da verdadeira compaixão.

Essa compaixão não consiste em não reconhecer que fomos maltratados, mas em ir mais além desse fato.

De Gandhi a Mandela, passando por tantos outros, trata-se sempre da mesma atitude: "odiar o pecado e amar o pecador", entendendo por ódio a rejeição ativa e consciente.

Você não vai rejeitar a pessoa que está tensa ou que está tendo um ataque de raiva, mas sim a tensão e a raiva em si. Coloque em prática esse ponto de vista na sua experiência diária como uma regra consciente e você logo perceberá as mudanças na sua relação com as pessoas e consigo mesmo.

Se você puser em prática essa linha de conduta, provavelmente chegará a alguns desacordos positivos consigo mesmo, com algumas de suas "certezas", como, por exemplo, a de que é preciso sentir ódio pelo "pecador", ou seja, rejeitar essencialmente a pessoa rancorosa ou desrespeitosa e não apenas o rancor ou a falta de respeito.

E aqui voltamos novamente à visão.

A experiência mostra o seguinte:

Uma visão positiva do ser humano, consciente, livremente adotada e posta em prática pode conduzir você a um desacordo com alguns aspectos seus que não compartilham dessa visão.

Uma vez que alguma forma de desacordo com você mesmo se instala no seu interior, entra em funcionamento o "processo prisão".

O processo prisão é aquele pelo qual você é levado a se aproximar de si mesmo e a ver, com mais clareza, diferentes aspectos de sua personalidade.

A CHAVE

Nasrudin (personagem de múltiplas facetas do folclore oriental) havia perdido a chave de sua casa e a procurava sob a luz de um poste no centro da aldeia em que vivia.

Passando por ali, seu vizinho lhe perguntou:

— O que está fazendo, Nasrudin?

— Procurando minha chave!
— Onde você a perdeu?
— Lá em casa.
— E por que está procurando aqui?
— Porque aqui tem mais luz!

O APRIMORAMENTO INTERIOR

Lembre-se das três fases da vida de Mandela que estabelecemos: antes da prisão, durante a prisão e depois da prisão.

Lembre-se, também, de nosso ponto de vista em relação à afirmação de Mandela de que, sem a prisão, ele não teria conseguido fazer tudo que conseguiu fazer depois:

Consideramos que a prisão desempenhou a função de servir como contexto de incitação à mudança.

Como é possível criar um contexto de aprimoramento e conhecimento de si mesmo?

Como criar as condições para a mudança interior que se deseja?

Hoje, a neurociência demonstra que o cérebro é muito sensível à sinceridade e à intenção.

A intenção sincera de mudança é o começo da mudança.

Surge então outra pergunta: como "fabricar" sinceridade e intenção?
Por meio de uma forma de meditação. Mandela meditava todos os dias.

PRATICAR A MEDITAÇÃO

> *A cela dá a você a oportunidade de investigar diariamente e nos mínimos detalhes a própria conduta, de superar o que ela tem de ruim e desenvolver o que nela existe de bom. Para alcançar esse objetivo, a prática regular da meditação — uns quinze minutos por dia antes de dormir — é sempre muito proveitosa.*
> NELSON MANDELA

Resta agora entender a palavra "meditação".
Não se trata necessariamente de algo vagamente "budista".
Meditar pode significar destinar um tempo, em um lugar tranquilo, a pensar sobre si mesmo, sobre seu comportamento geral e seus objetivos, como diz Mandela.

Veja um exemplo concreto tirado de minha experiência como terapeuta.

Um dia, um dos meus pacientes relatou sua intenção e seu objetivo de perdoar uma pessoa de sua família que o havia maltratado na infância.

Essa intenção existia nele há muito tempo, mas ele tinha a sensação de não conseguir concretizá-la.

Como ele mesmo descreveu, sempre se chocava contra um muro emocional interno que não conseguia transpassar.

Ofereci a ele, como ferramenta, uma forma de meditação simples e curta, que consiste em dedicar um tempo diário a si mesmo, em um contexto calmo, para refletir sobre seu objetivo interior e os obstáculos que se apresentam diante de você, da maneira mais relaxada possível.

Ele rapidamente se deu conta de que não estava plenamente de acordo consigo mesmo quanto ao objetivo de perdoar; era como se estivesse se obrigando, forçando todo o seu ser a conceder o perdão.

Ele se deu conta também de que essa abordagem não funcionaria, pois percebeu que deveria respeitar essa zona dentro de si mesmo que não queria perdoar.

Além disso, ele entendeu que, para chegar ao perdão, precisava reconhecer para si mesmo esse maltrato, coisa que ele não havia feito até então.

Assim, conseguiu ir desde o reconhecimento do

maltrato vivido até o perdão, na medida e no nível que seu ser lhe permitia.

Ele também chegou à conclusão de que havia dentro dele uma força orientada para o perdão no sentido de diminuir as tensões mentais, emocionais e físicas causadas pelo ressentimento inconsciente e permanente que ele sentia todos os dias, e que o levavam a ser injusto com muitas pessoas que não tinham nenhuma relação com essa sua história pessoal.

O perdão passa pelo reconhecimento interior da ofensa. Essa percepção interior cria um contexto interno por meio do qual é muito mais fácil se chegar ao perdão e, portanto, a alguma forma de reconciliação, pois somos, finalmente, guiados e energizados por nossa visão.

Perdoar não é esquecer, mas superar a ofensa, uma vez reconhecida.

A ESTRATÉGIA DO PERDÃO

No caso de Mandela, e de muitas outras pessoas sábias, como Gandhi, o perdão cria raízes em uma visão baseada em uma verdade-guia: a não violência.

É o mesmo mecanismo que podemos observar na atitude de Mandela ao sair da prisão: ir em direção à reconciliação, à benevolência e ao perdão, para se aproximar de sua visão, a de uma nação unida.

Ora, na vida cotidiana, por que se submeter à disciplina e à prática do perdão?

Por que não permanecer na ira, no rancor, na frustração e na tensão?

São perguntas simples que merecem uma meditação ativa.

De início, posso oferecer como resposta algumas constatações que provêm tanto da minha experiência pessoal quanto das mais recentes descobertas da neurociência.

Uma pessoa constantemente aprisionada à raiva é uma pessoa infeliz.

Uma pessoa constantemente aprisionada à frustração é uma pessoa infeliz.

Uma pessoa constantemente aprisionada à tensão é uma pessoa infeliz.

PRISÕES INTERIORES E NEUROCIÊNCIA

Hoje, os avanços da neurociência demonstram claramente que a raiva, a frustração ou um estado permanente de tensão emocional aumentam a secreção dos hormônios do estresse e diminuem a secreção de endorfinas, os hormônios do bem-estar.

De certo modo, a neurociência legitima e ampara cientificamente o fato de que a prática de certas atitudes, como o perdão ou a compaixão ativa, traz benefícios para a saúde, além de ser libertadora tanto em termos psicológicos quanto espirituais.

> *Aprenda a perdoar, não pelos outros, mas pelo bem do seu corpo e da sua alma.*
> Provérbio oriental

REGRAS E ESTRATÉGIA DO BEM

Qualquer pessoa que tenha conhecido Mandela, ou que conheça o suficiente sobre sua vida, não pode ignorar ou subestimar a grande capacidade estratégica que ele possuía.

Na nossa perspectiva, essa qualidade suprema se deve, em grande parte, a um conhecimento verdadeiro de si mesmo que ele desenvolveu muito na prisão.

Repetindo: em nossa vida, devemos considerar a ideia de prisão como um contexto que propicia a mudança. O que já pressupõe que a pessoa tenha consciência de que está numa prisão — a da raiva, por exemplo – e que essa prisão não faz bem a ela e nem aos outros.

O bem consiste em um processo de libertação da prisão dos preconceitos, da violência, da vingança ou do rancor sistemáticos. E esse processo precisa de regras e disiciplina.

A DISCIPLINA

A disciplina, ao contrário do que se costuma erroneamente pensar, é uma atitude libertadora.

Uma parte da mente trabalha com afinco para se convencer de que não está numa prisão ou de que é fácil se libertar das prisões emocionais.

Trata-se, simplesmente, de uma ilusão que pode ser sustentada por um conforto material, relacional ou social.

Qualquer prisioneiro que queira se libertar do cativeiro sabe que precisará de disciplina e uma boa dose de esforço inteligente e pragmático.

Em que consiste a disciplina na vida cotidiana a partir de uma visão como a de Mandela, ou, dito de outra forma, a partir de uma visão libertadora de entraves mentais e emocionais, como a autoindulgência, as atitudes de rejeição, o desprezo ou a violência?

Essa disciplina consiste em lembrar-se, constantemente, da necessidade de manter o trabalho de libertação das próprias prisões interiores, aumentando, assim, a capacidade de observar o mundo e as próprias

O bem consiste em um processo de libertação da prisão dos preconceitos, da violência, da vingança ou do rancor sistemáticos.

atitudes e comportamentos na vida cotidiana.

Algumas pessoas registram essas observações em uma espécie de diário, anotando, em linhas gerais, as atitudes que tiveram nas mais diversas situações, tendo coragem de relatar, por escrito, quando sentiram rancor e por quem, quando sentiram rejeição e por quem...

A auto-observação reforça o grau de sinceridade consigo mesmo e fortalece o processo de libertação interior.

AUMENTAR A NECESSIDADE INTERIOR DE LIBERTAÇÃO

Existe uma máxima oriental relacionada a esse tema da tomada de consciência de nossas prisões interiores e da necessidade de recordá-las, para ativar e manter o processo de libertação.

Aumenta a tua necessidade.

Sem disciplina e, portanto, sem esse aumento da necessidade, existe o risco de se permanecer nas prisões interiores, quiçá douradas, mas ainda assim prisões.

A PRISÃO DOURADA

Era uma vez um homem que vivia numa prisão há bastante tempo. No início, ele pensava muito no dia de sua libertação.

Ele havia adquirido a disciplina de manter sua esperança sempre viva e intacta, com atitudes e condutas que lhe vinham espontaneamente, pois eram decorrentes de uma decisão positiva.

Com o passar do tempo, vendo que o dia da libertação não chegava, ele foi pouco a pouco se acomodando, de modo quase imperceptível, passando até a gostar de sua prisão.

Àqueles que poderiam ajudá-lo a manter a sua chama de esperança ou, inclusive, a sair dessa prisão, ele começou a pedir objetos para tornar sua cela mais bonita e confortável.

Ele acabou adorando esse lugar e se convencendo de que era o melhor lugar do mundo.

Às vezes, quando alguém lhe falava de liberdade ou libertação, ele sentia medo e algo em seu interior dizendo que "não".

Até hoje, esse homem continua em sua cela, sempre buscando, consciente e inconscientemente, pequenas coisas para tornar sua prisão mais agradável.

A DISCIPLINA DA ESPERANÇA

Dois homens estavam numa prisão. Um olhava as estrelas no céu, o outro, a lama no chão.
Provérbio oriental

Sinto meu coração bombeando esperança para todas as partes do meu corpo, aquecendo meu sangue e recarregando meu ânimo.
Nelson Mandela

A essa altura, caro leitor, você já pôde entender que, para a pessoa que busca e trabalha pela libertação de suas correntes interiores, a esperança é uma necessidade funcional.

Todos nós temos a capacidade de nos conectarmos a uma esperança necessária, na medida em que percebemos a necessidade de nos libertarmos de algum aspecto nosso que não está consciente do que significa a prisão interior ou que não deseja se libertar.

Essa esperança orgânica e essencial leva à disciplina, à observação ativa de si mesmo, que, por sua vez, conduz a um comportamento correto e impregnado de bondade. Uma bondade que está na natureza humana e que só pode se manter ativa e fortalecida por meio de uma disciplina interior consciente.

O desespero está à espreita de todo ser humano;

e é por meio da disciplina sempre ativa que temos a capacidade de dizer "não", dentro de nós mesmos, a esse convite do desespero mental, emocional e físico.

Quanto mais se afirma e se repete esse "não" interior à nossa própria negatividade, mais forte e consistente ele se tornará.

> *Quanto mais você fizer alguma coisa, mais chance terá de fazê-la novamente.*
> IDRIES SHAH

A COOPERAÇÃO COM O NEGATIVO OU O FORTALECIMENTO DA PRISÃO

Segundo a visão de Mandela — e de outros, como Gandhi, que são verdadeiros faróis para a humanidade —, o ser humano não quer ajudar a fortalecer aquilo que o aprisiona, seja a rejeição do outro, a violência ou o ódio.

Como disse Mandela, o ser humano pode aprender o amor do mesmo modo que aprendeu o ódio, considerando que o amor nasce mais naturalmente no coração do que o ódio.

A visão e a ação que decorrem da crença na bondade humana levam à definição clara de um campo interior e à manutenção de uma aliança constante e estável com esse campo.

E não é por acaso que, no imaginário e no inconsciente coletivos, uma saga cinematográfica como "Guerra nas Estrelas", onde as forças do bem se opõem às do mal, faça tanto sucesso e se produza uma identificação coletiva com o herói que, diante das adversidades, tem "a força" a seu lado.

Essa força interior, tão mencionada por Mandela, vem também da adesão estável e disciplinada a um determinado campo: o da luz interior da bondade humana. Mesmo que, às vezes, como ele próprio declarou, tenha sido difícil manter essa adesão e não vacilar diante de comportamentos muito agressivos para com ele.

Como todos nós encontramos, cotidianamente, adversidades nas mais diversas situações, é a resistência interior para não se deixar "apanhar" por atitudes de desespero, violência ou ódio, o que fortalece o músculo interior da conexão à nossa própria luz e à do outro.

Quem lhe disser que é coisa fácil manter a conexão interior com a bondade, a compaixão e a abertura que tal conexão implica está mentindo para si mesmo ou não está tentando realizar o trabalho de libertação interior com sinceridade.

Voltemos, um instante, ao conceito prático de cooperação com a negatividade ou de identificação com comportamentos opressivos para consigo mesmo e para com os demais: vingança, ódio, tensão constante...

A cooperação interior com esses estados não revela uma ação consciente proveniente de uma determinada visão. Revela muito mais uma ausência de visão, uma falta de trabalho para se tornar consciente e um certo desconhecimento de si mesmo, fortalecido por uma carência de sensibilidade interna.

Se você estivesse sendo perseguido por um tigre no meio da selva, sem dúvida, teria a criatividade instintiva de, rapidamente, se refugiar no topo da árvore mais alta. Da mesma forma, do ponto de vista de uma consciência humana decidida a orientar-se sinceramente para o bem, existem situações internas que poderiam ser comparadas ao tigre que persegue você na selva.

É sempre uma grande satisfação pessoal encontrar-se numa encruzilhada onde é possível escolher entre, pelo menos, duas reações.

Eis um exemplo para clarear essa ideia:

Às 10 horas da manhã, um conhecido seu se dirige a você de uma forma agressiva. E você percebe, como se o tempo avançasse em câmera lenta, que pode reagir de duas maneiras:

A. agressivamente, desencadeando um conflito mais ou menos longo e, em todo caso, muito desgastante;
B. não tomando o caminho da agressividade, em concordância majoritária consigo mesmo.

A opção B é de não cooperação com a negatividade e de não fortalecimento da prisão interior.

A opção A é a atitude que mantém a cooperação, ainda que sem querer, com tudo que torna você menos livre e menos consciente.

Se você escolhe a opção B, que consiste em não reagir com agressividade, verá que, ao tomar essa decisão, você encontra uma resposta diferente.

Essa nova resposta pode ser o silêncio, uma palavra, um gesto. Não importa. De todo modo, ela carrega a marca do processo de libertação interior e da geração de energia criativa naturalmente embutida nesse processo.

Outra lei do comportamento humano: quanto mais você adota atitudes libertadoras para consigo mesmo, mais você proporciona a outras pessoas a possibilidade de fazerem a mesma coisa.

Mandela surpreendeu a humanidade por seu nível de consciência e pela não cooperação com a lógica emocional do prisioneiro, que não é outra senão a vingança e a raiva.

Deixando todos perplexos, especialmente aqueles que poderiam lhe fazer mal, Mandela despertou nas pessoas a possibilidade de reencontrar sua própria humanidade, sua capacidade de escolher o campo da não cooperação com comportamentos e atitudes contagiantes em um sentido negativo.

O SEMELHANTE ATRAI O SEMELHANTE

Uma pessoa sinceramente comprometida com um processo de libertação interior desperta nos outros uma disposição de ânimo semelhante.

O EU OU O EGO

> *Arrisco-me a dizer que existe uma parcela de bondade natural no ser humano que pode ser atribuída, entre outros fatores, à consciência social que todos nós possuímos. E, sim, existe também uma parcela de maldade natural em todos nós, causada, em grande parte, pelo desejo concomitante de perpetuar e satisfazer nosso eu.*
> NELSON MANDELA

Desde o momento em que se elegeu o campo da consciência e da bondade, fazem-se necessários, nesse processo, alguns esclarecimentos pragmáticos sobre o ego.

Mandela sempre foi um homem pragmático, um homem de ação.

A ação é reforçada por um tipo de meditação que elucida essa ação, trazendo luz e visibilidade a nossos atos.

Vamos retomar aqui o exemplo de uma pessoa que

decide, livre e sinceramente, conectar-se com sua humanidade e alimentar as atitudes e os comportamentos libertadores: disciplina, meditação ativa, não cooperação com comportamentos e atitudes opressivas...

Essa visão, essa intenção e essa decisão profunda a levarão, inevitavelmente, a enxergar melhor alguns aspectos, nem sempre muito agradáveis, de seu ego.

Desse confronto, que não implica um conflito consigo mesma, surge progressivamente a necessidade, para essa pessoa, de assumir a responsabilidade sobre as características negativas que não a ajudam a realizar sua libertação interior.

Ela tem a opção de continuar ignorando essas características e de não considerar que, às vezes, pode permanecer numa atitude negativa, como o rancor, por exemplo, por duas horas.

Ela também tem a opção de sofrer, achando e acreditando que não há nada que possa fazer.

Também pode escondê-las de si mesma e se empenhar, perante os demais, em parecer uma pessoa livre e boa.

Na visão de Mandela — e de outros, como Gandhi —, a ideia é elaborar uma estratégia de atitudes consigo mesmo que funcione, que realmente deixe a pessoa mais livre e em paz com ela mesma.

Embora Mandela e Gandhi nunca tenham escrito um tratado sobre a libertação de si mesmo, eles deram pistas e chaves para que pudéssemos vislumbrar, pela prática cotidiana, o que "funciona" no processo de libertação das prisões interiores.

Mas é importante enfatizar que essa pessoa (que pode ser qualquer um de nós) que está se confrontando com as áreas mais nebulosas de si mesma ou de seu ego, tem todo o interesse do mundo em saber como fazer esforços úteis ou "estratégicos".

O que fazer diante do próprio ego ou desse "desejo concomitante de perpetuar e satisfazer o nosso eu" (retomando a expressão usada por Mandela)?

O método ou a via de Mandela, bem como a de Gandhi, baseia-se, mais uma vez, na sua visão e na ação disciplinada que dela decorre.

Os condicionamentos humanos fazem com que, de modo geral, não desejemos enfrentar nossos aspectos menos positivos.

Numa cultura oriental, muito próxima da cultura de Gandhi, faz-se referência ao que podemos chamar de "eu dominante", como sendo uma mistura de necessidade e desejo — que é a mesma coisa a que se refere Mandela.

Essa disciplina anda de mãos dadas com uma atitude não violenta. De fato, uma violência consciente ou inconsciente consigo mesmo se traduzirá, cedo ou tarde, em alguma forma de violência com os outros e numa ruptura da comunicação consigo mesmo.

À medida que nos tornamos cada vez mais aptos a

Uma pessoa sinceramente comprometida com um processo de libertação interior desperta nos outros uma disposição de ânimo semelhante.

escolher um campo, uma atitude ou um aspecto de nós mesmos, nos aproximamos da opção pela não violência, que sempre implica uma maior capacidade de olhar para si mesmo com objetividade suficiente para se tomar consciência dos aspectos menos favoráveis de nosso ser.

A não violência é uma condição técnica para a mudança interior e a percepção correta de si mesmo.

Voltemos então a essa pessoa — que pode ser qualquer um de nós — que está decidida a começar um processo de libertação de seu eu dominante, que pode ser a fonte do "mal".

Não devemos ver esse mal a partir de um ponto de vista moralista ou religioso, mas sim de modo pragmático — como Mandela.

Trata-se, aqui, de compreender os aspectos, em cada um de nós, que podem favorecer ou provocar a exclusão, a rejeição, o rancor ou a raiva constantes.

A visão, ou o ideal, de se tornar uma boa pessoa conduz invariavelmente a uma disciplina que leva qualquer um que esteja mergulhado nesse processo de libertação a diminuir a intensidade de sua identificação com os aspectos menos libertadores de sua personalidade.

Esse fato se dá muito mais no coração do que na mente.

Essa é a disciplina da ação, do objetivo e da visão.

Veja o exemplo de um atleta. Para vencer em sua carreira, ele se atém a um determinado regime de vida em diversos aspectos: alimentar, mental, físico, relacional...

Esse regime nada tem de moral ou "espiritual"; ele é, simplesmente, necessário e adequado ao objetivo do atleta.

Do mesmo modo, a pessoa no caminho da libertação se atém a uma disciplina, não por motivos morais, mas pela evidência.

Nesse sentido, para poder superar as características mais negativas da personalidade, é preciso, primeiro, ser capaz de reconhecê-las com o coração, de observá-las e percebê-las.

Se uma pessoa se dá conta de que está sendo muito arrogante, se sabe, por experiência própria, que a arrogância aprisiona e pode levar ao desprezo pelos outros, ela irá abandonar instintivamente essa atitude para se manter fiel a seu objetivo — o aprimoramento de si mesma —, procurando aproximar-se mais dele e tentando vivê-lo, a cada dia, um pouco mais.

À medida que experimentamos livremente nosso ego, vamos assumindo a responsabilidade pessoal de segui-lo ou de não responder aos seus convites, porque já sabemos aonde eles nos levarão.

E a pergunta que surge em seguida é: o que fazer a partir do momento que se decide, livremente e com plena consciência, não seguir, ou seguir com menos intensidade, os convites atraentes do ego, por mais insistentes que eles sejam?

Esta seria a resposta do "espírito Mandela":

"O amor nasce no coração das pessoas de maneira mais natural do que o seu contrário."

A experiência humana mostra que, ao fazer uma escolha interior entre, por exemplo, a rejeição e a não rejeição, optando pela não rejeição, essa decisão o coloca naturalmente e, inclusive, conscientemente, em uma atitude benevolente.

Abandonando o rancor, você entra em contato com algo bom que está presente de maneira natural.

Ou seja, a disciplina necessária para esse trabalho no caminho para a liberdade é uma disciplina de distanciamento dos comportamentos egocêntricos, como a rejeição ou a humilhação do outro, e de não cooperação com eles.

A própria disciplina, bem como o esforço necessário para mantê-la, já é, em si mesma, uma recompensa.

É no esforço, e não na conquista, que encontramos satisfação.
GHANDI

O processo de distanciamento claro e orgânico daquilo que nos oprime e aprisiona nos aproxima de nós mesmos, de nosso ser verdadeiro.

O CONCEITO DE ESFORÇO

Às vezes atribuímos uma conotação negativa ou dolorosa ao conceito de esforço.

Nesse processo de libertação, o esforço é uma noção natural, que poderia muito bem ser chamada de vigilância — de si mesmo e de seu ego.

Essa vigilância está organicamente implícita no processo de mudança.

PLENITUDE E REALIZAÇÃO PESSOAL

Ao julgar nosso progresso enquanto indivíduo, tendemos a focar em fatores externos, como posição social, prestígio, popularidade, riqueza e nível de educação. Esses elementos são, obviamente, importantes para medir o sucesso em termos materiais, e é perfeitamente compreensível que levem as pessoas a se esforçarem até o esgotamento. Mas há alguns elementos internos ainda mais cruciais para afirmar nossa realização enquanto

> seres humanos. A honestidade, a sinceridade, a simplicidade, a humildade, a generosidade, a falta de vaidade e a vontade de servir aos outros — qualidades ao alcance de qualquer pessoa — constituem os fundamentos da vida espiritual.
>
> NELSON MANDELA

Agora, vamos abordar cada uma dessas qualidades na perspectiva desse trabalho, desse processo de libertação dos aspectos opressivos e aprisionadores que podem existir em qualquer um de nós.

A HONESTIDADE

A honestidade é uma atitude que também se desenvolve com a disciplina, com a coragem de enfrentar a si mesmo, de olhar para si mesmo e se corrigir, aprendendo com os erros.

Todo mundo, em seu entorno cotidiano, está sujeito a lidar com pessoas que considera "pesadas" ou "irritantes".

Em geral, quanto mais as rejeitamos, mesmo que de forma sutil, mais essas pessoas podem se mostrar agressivas, porque percebem a rejeição da qual elas são alvo.

À medida que diminuímos nossa cooperação com esse sentimento de rejeição, mudamos nossa atitude e

contribuímos também para mudar a reação do outro.
Trata-se de uma lei da comunicação humana.

A SINCERIDADE

É uma dimensão, ou atitude, muito próxima da honestidade.

A sinceridade como faculdade ou órgão de nosso espírito é desenvolvida com disciplina e leva a pessoa a se tornar cada vez mais honesta, sobretudo consigo mesma e, consequentemente, com os outros.

Existe uma forte conexão entre a faculdade e a prática do perdão e a faculdade e a prática da honestidade e da sinceridade.

É por meio da honestidade de espírito, da reflexão sincera, que percebemos que podemos obter dos seres humanos muito mais por meio da compaixão e da bondade, do que pela violência ou pela rejeição.

Quando entendemos essa verdade com o coração, ou seja, como uma evidência imprescindível, podemos até dar alguns tropeços no caminho do perdão e da compaixão, mas nunca nos desviaremos dele por muito tempo.

Você irá obter muito mais nesse mundo com atos de perdão do que com gestos de represália.
NELSON MANDELA

A SIMPLICIDADE

Voltemos à visão de Mandela e às ações decorrentes dela. Essa visão, repito, baseia-se numa conexão forte e indefectível com a luz e a bondade humanas.

Diante das adversidades — e nem imaginamos o quanto Mandela as conheceu —, não abandonar essa conexão interna conduz a uma forma de simplicidade orgânica e natural. A simplicidade daqueles que tratam de desenvolver um poder sobre si mesmos (a disciplina da compaixão, por exemplo) e não sobre os outros.

Busca desenvolver o poder sobre ti mesmo
e não sobre os outros.
Omar Ali Shah

A HUMILDADE

Na perspectiva dessa visão de libertação dos comportamentos que oprimem e contaminam, a humildade não é uma virtude moral, e sim uma necessidade orgânica.

A arrogância nos afasta da compaixão que, por sua vez, nos afasta do perdão.

A GENEROSIDADE GENUÍNA

Sempre dentro dessa visão com a qual você já está familiarizado, ou seja, da visão que tem como objetivo a libertação das prisões interiores que nos impedem de fazer o bem, a generosidade é também uma atitude natural e orgânica.

Manter uma atitude generosa resulta de um controle e da não cooperação com as insuficiências ou defeitos interiores que todos nós temos, como a avareza ou a generosidade ostentatória ou demonstrativa de autossuficiência, que, de fato, não são genuínas.

Se você quer ser livre e bom, aprenda a ser sinceramente generoso.
PROVÉRBIO ORIENTAL

AUSÊNCIA DE VAIDADE

A vaidade também é uma atitude contaminadora que se corrige, se controla e se reduz por meio da disciplina e da não cooperação interior com ela.

A vaidade conduz a uma forma de desprezo pelos outros e diminui a qualidade da comunicação consigo mesmo.

A humildade não é uma virtude moral, e sim uma necessidade orgânica.

A VONTADE DE SERVIR AOS OUTROS

A visão de Mandela, profundamente humanista, mas não "sonhadora", gera naturalmente um aumento da capacidade humana de servir aos outros, de ajudá-los.

O egocentrismo e a indiferença são prisões da alma das quais você começa a pensar em se libertar no instante em que percebe, com o coração, que são efetivamente prisões.

"Com o coração" significa, aqui, tomar consciência, profunda e livremente, de algo muito além de uma compreensão puramente intelectual.

LIBERTAÇÃO E OPRESSÃO INTERIOR

> *Eu sabia muito bem que, tanto quanto o oprimido, o opressor tem de ser libertado. Um indivíduo que priva outro de sua liberdade é prisioneiro de seu ódio, está preso atrás das grades de seus preconceitos e de seu olhar limitado. (...) Quando atravessei as portas da prisão, soube que minha missão consistia em libertar, ao mesmo tempo, o oprimido e o opressor.*
> NELSON MANDELA

Ao longo desse livro, com outras palavras e de maneiras diferentes, você encontrará um esquema similar, uma mesma estrutura ou regra de ação que pode ajudar você a pôr em marcha um trabalho interior de libertação pessoal.

Cada um de nós pode ter aspectos de opressor e de oprimido.

LIBERTAR O OPRESSOR E O OPRIMIDO

Esse processo de libertação do opressor e do oprimido passa, segundo nossa perspectiva, por dar-se o tempo necessário para desenvolver a capacidade de se conhecer, de se observar e de utilizar a memória — tal como fez Mandela com sua experiência na prisão.

Em outras palavras, se as condições que cada um se impõe com plena liberdade e responsabilidade para aprender a se observar e a utilizar a memória não acontecem, fica muito difícil reconhecer e identificar as atitudes opressivas para com os outros e para consigo mesmo.

Quando nos perguntamos e buscamos dentro de nós mesmos o que podemos reter e utilizar de Mandela, encontramos a seguinte resposta, vinda da experiência: o aprendizado da decisão de ser uma pessoa boa que vive seu dia a dia com sinceridade e de acordo com seus valores.

Essa decisão, quando se instala e cresce no coração, ilumina o inconsciente humano, tornando-o mais sensível a se manter nesse caminho.

Isso não significa que nunca nos equivocamos ou que jamais "caímos" em atitudes que não se afinam com nossa consciência profunda, mas implica reconhecer que nos enganamos e nos ajuda a voltar a levantar para retomar o caminho correto.

RECAIR E NOVAMENTE SE LEVANTAR

Não me julguem pelos meus sucessos, mas sim pela quantidade de vezes que caí e me levantei.
NELSON MANDELA

Em nosso contexto — e mantendo-se sempre fiel ao espírito de Mandela —, "cair" não significa apenas desabar em momentos de derrota, mas também perceber que se adotou um comportamento opressivo com outra pessoa e decidir estar mais atento a ela e ao risco de oprimi-la novamente.

Trata-se de um processo de aprendizado onde o sentimento de culpa não será de grande ajuda.

NEUROCIÊNCIA, CULPA E MUDANÇA

A neurociência demonstra que a culpa é um sentimento pouco favorável para se aprender com os erros, limitando o aprendizado ao inibir a memória.

A meditação ativa, no sentido de uma reflexão prática e simples sobre os erros que se quer corrigir, traz melhores resultados quando se trata de mudar um tipo de comportamento.

Nesse sentido, um remorso estimulante pode desempenhar uma função importante.

Um exemplo concreto: por algum motivo, existem pessoas com as quais você costuma ter um comportamento agressivo, arrogante ou de rejeição. O fato de se sentir vagamente culpado não ajuda você a mudar esse comportamento. Ao contrário, observar a si mesmo, perguntar-se como mudar essa atitude com a qual você realmente não se sente identificado é que fará com que sua agressividade, arrogância ou rejeição diminuam de maneira considerável.

Nesse caso, não é a resposta à pergunta que dará resultado; a própria dinâmica da pergunta é o que produzirá uma mudança de comportamento.

Essa também é uma lei da comunicação humana.

É o que chamamos de "cair e se levantar".

NEUROCIÊNCIA, BONDADE E PRESENÇA

Muitas pessoas que conheceram Mandela ou tiveram a oportunidade de passar algum tempo com ele descrevem a sensação de estar diante de alguém que dirige seu espírito para o bem ou, mais precisamente, para o feliz esforço em direção ao bem.

O efeito da presença desse tipo de pessoa tão especial e rara provém, em parte — coisa fácil de entender —, da realidade orgânica de um caminho percorrido, um longo caminho em direção à verdadeira liberdade.

Em minha opinião, seria inadequado considerar o modelo de Mandela fácil ou vagamente emocional. Uma realização pessoal desse calibre é fruto de grande disciplina, muito esforço e uma fidelidade total a uma determinada visão do ser humano que se deseja viver até o fim e transmitir aos outros.

Essa disciplina e esse sentido do esforço constante são acessíveis a todos nós, na medida em que tomamos a decisão livre e meditada de nos libertarmos dos aspectos que nos oprimem e nos aprisionam.

Nos tópicos a seguir, abordaremos alguns desses aspectos que nos aprisionam internamente e que não foram suficientemente estudados ou, pelo menos, não foram considerados dessa forma.

DEPRESSÃO OU FALTA DE ALEGRIA

Onde quer que você esteja, assuma a responsabilidade de espalhar alegria e esperança ao seu redor.

NELSON MANDELA

A alegria e a esperança estão entre as atitudes mais libertadoras para o corpo e para a alma.

Muitas pessoas que conheceram Mandela ficaram impressionadas com seu senso de humor e sua alegria.

À medida que aprendemos a adotar a alegria, a esperança e o bom humor como ferramentas preciosas e estratégicas, no sentido mais elevado desses termos, passamos a utilizá-los com mais regularidade e mais facilmente.

Ser alegre é uma questão séria e requer disciplina — como chegaremos a compreender de forma plena por meio da reflexão serena ou da meditação ativa.

A alegria e a esperança são tão sérias quanto um analgésico para alguém que está doente.

A experiência humana demonstra que a busca da alegria com uma motivação egocêntrica é muito menos enriquecedora do que a busca da alegria que inclui também outras pessoas.

Na disciplina da alegria, a pessoa tem profunda

consciência da necessidade de permanecer conectada a esse estado e não se deixar "seduzir" pelos convites interiores ao desespero ou à depressão.

DESESPERO E ALEGRIA

Tanto a alegria quanto o desespero são possibilidades internas. Sem o aprendizado e a decisão de assumir uma determinada disciplina, estamos à mercê do acaso mental e emocional.

Quando decidimos ser um amigo inseparável da alegria e entendemos que ela é uma aliada segura e fiel para a nossa realização pessoal e a dos outros, não significa que nunca mais seremos "tocados" nem sentiremos o convite interior ao desespero.

O que acontece é que vamos ceder cada vez menos e com menor intensidade ao convite ao desespero e ao próprio desespero.

A disciplina da alegria cria uma espécie de orientação interior que nos torna mais sensíveis e mais conscientes de nossa colaboração interna com o pessimismo ou com a negatividade.

A disciplina da alegria leva a uma compaixão inconsciente consigo mesmo porque ela transforma o inconsciente de maneira quase imperceptível.

Nosso trabalho de libertação interior consiste

Onde quer que você esteja, assuma a responsabilidade de espalhar alegria e esperança ao seu redor.

em compreender que a alegria é uma disciplina livre que impomos a nós mesmos livremente e que nos leva a assumir, do mesmo modo livre, nossa responsabilidade.

EFEITOS DO DESESPERO

O desespero — já experimentado por todos nós que, como humanos, partilhamos uma série de vivências mentais, emocionais e sensitivas — conduz a algumas atitudes que nos mantêm numa prisão interior.

O desespero gera ressentimento, que gera rejeição, tensões, depressão, ansiedade e a manutenção de um falso vínculo com os outros.

Basta meditar sobre o desespero e utilizar a memória para constatar a existência desses elementos dentro de nós ou em nossa história pessoal e cotidiana.

EFEITOS DA ALEGRIA

A alegria e a intenção estável e regular de preservar a alegria promovem uma diminuição significativa do ressentimento, da ansiedade e aumentam a vontade de servir aos outros.

Isso é o que Mandela e outras grandes figuras humanas transmitiram com suas ações e intenções: a alegria e a esperança são atitudes que revelam disciplina e libertação interior.

DO QUE NOS LIBERTAMOS COM A DISCIPLINA DA ALEGRIA E DA ESPERANÇA?

A experiência nos mostra que a prática da alegria como uma disciplina cotidiana e sempre próxima da nossa consciência conduz a uma libertação da passividade aprendida e condicionada.

No espírito de Mandela: da mesma forma que aprendemos a rejeição, podemos aprender a tolerância; da mesma forma que aprendemos a passividade interior, podemos aprender a atividade, um estado de ânimo que conduz diretamente à liberdade.

Aqui, o conceito de passividade não é de forma alguma um julgamento, mas sim uma indicação benevolente do que podemos aprender quando a deixamos de lado, e de que maneira essa atitude pode nos ajudar a ser mais livres.

A passividade significa que ainda não compreendemos suficientemente bem o fato de que podemos escolher o campo interior da alegria e que essa escolha implica uma disciplina necessária e criativa.

A passividade é uma forma de crença no acaso emocional — às vezes alegre, às vezes cheio de ressentimento.

Da mesma forma que a passividade reforça uma forma de prisão interior, a atividade interior liberta da prisão.

PASSIVIDADE E ATIVIDADE

Quem conhece a vida de Mandela o suficiente sabe que ele viveu momentos muito difíceis na prisão. Mas, inclusive nesses momentos, ele se manteve fiel a seu campo interior da esperança e da fé na bondade humana.

Essa decisão profunda, essencial, de se manter fiel à própria visão diante das adversidades é uma autêntica atividade interior.

Embora de uma maneira menos extrema que a de Mandela, todos nós já tivemos de enfrentar, em nosso dia a dia, situações adversas, decepções nos relacionamentos ou estados de desânimo que poderiam nos levar à prisão do desespero.

Quanto mais ativos nos mostramos diante das adversidades diárias, mais consolidamos a disciplina e aumentamos a força interior para permanecer fiéis ao nosso processo de libertação.

É preciso ser corajoso, disciplinado e sincero para se voltar para o bem comum, para se tornar parceiro de seu "inimigo".

O INIMIGO PARCEIRO

*Quando se quer fazer as pazes com o inimigo,
é preciso trabalhar com ele; então, ele se
tornará um parceiro.*
NELSON MANDELA

O que muito impressionou o mundo inteiro foi a capacidade de Mandela de trabalhar com seu inimigo e fazer dele seu parceiro.

Em menor escala, e partindo sempre de situações cotidianas: quem alguma vez não desejou alcançar tamanha liberdade emocional a ponto de poder se sentar com o "inimigo" e trabalhar com ele, como bons parceiros, pelo interesse de todos?

A primeira pergunta que vem à mente é: como alcançar esse nível de liberdade emocional e mental?

É preciso retornar às noções de visão, ação, disciplina, estratégia e natureza humana.

A LIBERDADE EMOCIONAL E MENTAL

Eis, aqui, uma história real da vida cotidiana.

Um casal está brigando, como acontece com todos os casais. Após a briga, pois todas as brigas terminam, instala-se um momento de silêncio.

O casal está no mesmo cômodo e as duas pessoas desejam, no fundo do coração, que a paz se restabeleça.

Mas como e o que fazer?

Uma delas toma a tímida iniciativa de oferecer um chá ou um café em sinal de reconciliação.

A outra recusa, guiada pela tensão, presa ao rancor que lhe provoca uma pequena satisfação ao ver o outro amargar seu repúdio.

São algumas das pequenas vinganças da vida cotidiana.

Por fim, duas horas depois (tempo para que uma pessoa presa às redes do rancor se liberte), esse casal recobra certa normalidade emocional.

Esse exemplo tão simples está relacionado à capacidade de converter um inimigo em um parceiro.

Na medida em que a pessoa presa ao cárcere do rancor põe em prática a percepção e a disciplina de conceber o rancor e a vingança como atitudes negativas que a aprisionam, ela se tornará menos receptiva ao convite para cair nas redes do rancor, utilizando sua criatividade para se libertar rapidamente, aceitando, mesmo que de modo desajeitado, um chá ou um café.

A SINCERIDADE E A VERDADE

É importante notar, na atitude de perdão e

cooperação de Mandela, que se trata de uma estratégia sincera. Quando falo de perdão ou estratégia, não me refiro a nada de "maquiavélico", frio ou sem alma.

Estou me referindo à verdadeira inteligência do coração e à disciplina que ela comporta.

É muito fácil, para todos, deixar-se levar pelo rancor ou pela rejeição. A passividade prevalece.

É preciso ser corajoso, disciplinado e sincero para se voltar para o bem comum, para se tornar parceiro de seu "inimigo".

A sinceridade está na visão e na ação decorrente dela, e em se manter no caminho de libertação interior, com as recaídas naturais desse processo.

BRIGAS DE CASAL

Continuemos com o conflito de casal que estávamos abordando.

Lembre-se de que, enquanto uma das duas pessoas oferece chá ou café para fazer as pazes, a outra recusa porque está presa às redes do rancor e da vingança.

Vamos imaginar um outro desdobramento para a história: a pessoa que, na versão anterior, estava colaborando — mesmo sem saber — com o rancor e a vingança, tinha decidido — nessa nova versão — trabalhar, ao longo de toda a semana anterior ao conflito, sobre seu aspecto rancoroso e havia colocado toda sua intenção em cessar ou, pelo menos, diminuir a cooperação interior com essa atitude, pela simples razão de que isso não lhe fazia bem e machucava a outra pessoa.

Portanto, quando chega o momento da proposta de chá ou café, essa pessoa diz sim, porque se lembrou de que não deveria ceder ao rancor e à vingança.

Nesse momento, talvez ela receba uma mensagem interior que lhe diz: "Seu 'sim' não foi sincero". De fato, apesar de ter dito "sim", seu coração ainda fervilhava de rancor.

Essa mensagem de "falta de sinceridade" é falsa.

Considerando essa situação pela ótica de Mandela, a verdade e a sinceridade estão na ação, no "sim" expressado. A subsistência de um resíduo emocional que julga "hipócrita" o sim do nosso protagonista é normal e faz parte de uma forma de opressão interior que não quer aceitar a mudança na direção da liberdade.

É o que Mandela chama de "eu", e que podemos chamar, como no Oriente, de "eu tirânico".

A verdade e a sinceridade residem no ato de bondade e reconciliação, mesmo que de modo tímido e desajeitado.

TRABALHAR E SE LIBERTAR COM O CORPO

Mandela tinha o hábito de fazer uma hora de exercício físico por dia.

Sempre considerei o exercício físico a chave não só da saúde, mas também da paz de espírito.

NELSON MANDELA

Nesse processo de libertação interior e de prática interior do caminho, ou a estratégia do bem, o corpo é um elemento importante.

A prática do exercício físico, além de dissipar as tensões, dá acesso a mais sensações e percepções conscientes, porque a própria consciência interior se sente mais próxima do corpo.

Não se trata de um trabalho puramente corporal. Nele estão envolvidos o corpo, a mente e o coração.

Nesse contexto, a experiência demonstra que, quanto mais próximos estamos do nosso corpo por meio de exercícios, da respiração e das sensações, mais física e orgânica se torna nossa forma de pensar.

Além disso, a capacidade de mentir para si mesmo diminui, enquanto aumenta a compaixão "inconsciente" ou instintiva para consigo mesmo.

SÍNTESE

Caro leitor, chegando ao final dessa primeira parte sobre o legado vivo de Mandela, farei uma pequena síntese prática dos conceitos e comportamentos essenciais que, desde nossa perspectiva e sincera afinidade com a bondade do espírito de Mandela, podem nos conduzir à paz, à harmonia e ao bem, tanto internamente quanto ao nosso redor.

Eu não pretendo ter me tornado plenamente livre, mas tenho a certeza de estar nesse caminho de libertação interior. Tenho também a certeza de que Mandela nos deu algumas chaves — atitudes e estratégias — que funcionam para seguir caminhando no dia a dia e que nos ajudam a levantar cada vez que caímos.

Tudo nasce de uma visão que se converte em reflexão ou meditação ativa sobre o que se quer ser e se quer fazer consigo mesmo.

Nesse contexto, quando decidimos livremente orientar nossas ações para a bondade, para o perdão, para a unidade ou para a reconciliação, temos de ter consciência que essa decisão nos levará a enfrentar a nós mesmos e os diferentes aspectos de nosso caráter e de nossa personalidade.

E é importante considerar que alguns desses aspectos podem ser prisões interiores — como o rancor, o ressentimento e a rejeição.

Nessa jornada em direção ao aprimoramento e à libertação interior, a disciplina é essencial.

Também é essencial dedicar alguns minutos por dia à reflexão, à meditação sobre si mesmo, sobre nossas ações e reações, a avaliar com honestidade

Nesse processo de libertação interior e de prática interior do caminho — a estratégia do bem —, o corpo é um elemento importante.

nossas atitudes a cada dia em relação à empreitada de libertação à qual nos propusemos — como se libertar do ressentimento, por exemplo. Assim, nossa disciplina e determinação serão reforçadas e aumentarão de maneira significativa.

Poderemos, então, nos conscientizar clara e positivamente da decisão de reduzir ou encerrar nossa cooperação com aspectos de nós mesmos que não favorecem a libertação interior. Ao reduzir a cooperação interior com o desespero, por exemplo, colocamos nossa consciência em uma dimensão mais positiva.

A natureza não gosta do vazio, tanto no exterior quanto no interior.

Portanto, quanto mais a pessoa se afasta do desespero, mais se aproxima da incorporação da esperança, por mais sutil que ela seja.

É claro que erros serão cometidos e que, em alguns momentos, haverá recaídas. Mas, renovando clara e livremente o compromisso consigo mesmo de maneira cotidiana, seu inconsciente e sua força interior, cada vez mais desenvolvidos, irão lhe ajudar a recair menos e a se reenguer cada vez mais rápido.

E para terminar: a disciplina do bem se baseia em um sentimento cultivado, protegido e sempre ativo de esperança e positividade.

A esperança é sábia; o desespero, não.

Poder parar e meditar nos dá a maravilhosa oportunidade de mudar.
Nelson Mandela

SEGUNDA PARTE
A DISCIPLINA DOS BENEVOLENTES

Benevolência sem disciplina não é benevolência.
Disciplina sem benevolência não é disciplina.
PROVÉRBIO SUFI

Os fracos nunca podem perdoar;
o perdão é um atributo dos fortes.
MAHATMA GANDHI

Um vencedor é um sonhador
que não desiste jamais.
NELSON MANDELA

Além de ser um tema muito em voga, a benevolência é um valor, uma atitude que, desde sempre, foi incentivada e valorizada em todas as culturas.

A segunda parte deste livro — que está diretamente relacionada à primeira, sobre o "modelo" comportamental de Mandela — tem como objetivo explicar e mostrar a necessidade de uma verdadeira disciplina interior para se alcançar e estabilizar o estado de benevolência.

Para entender e adotar uma atitude cotidiana semelhante à de Gandhi e Mandela — retomando como exemplo duas recentes figuras positivas da humanidade —, é inevitável passar pelo país da disciplina.

Observemos primeiro o que não é disciplina, sempre tendo em mente os dois modelos aplicáveis, Gandhi e Mandela.

A FALSA DISCIPLINA

A falsa disciplina é o que também se pode chamar de disciplina reativa.

Por exemplo: você tem um acesso de raiva e faz sofrer algumas pessoas, vítimas de sua raiva. Em seguida, você se arrepende e jura nunca mais se deixar levar pela ira.

Uma semana depois, uma situação semelhante o

consome de raiva e você recai no mesmo esquema com o mesmo arrependimento e a mesma promessa de nunca mais ceder à cólera.

Isso obviamente não é disciplina.

A disciplina, a que liberta e funciona, precisa passar por uma fase de meditação ativa.

Trata-se, uma vez mais, de remover da palavra meditação todas as tintas "orientais" ou "místicas" que ela possa ter.

A MEDITAÇÃO ATIVA

A meditação ativa vem sendo praticada pelos seres humanos há milênios.

Na Grécia antiga, era costume refletir sobre o próprio comportamento e perguntar-se sobre o que se gostaria de modificar em si mesmo.

Hoje, praticar a meditação ativa consiste em dedicar um tempo só para si, alguns minutos em um contexto calmo, e indagar-se que atitude pessoal você gostaria de fomentar.

Vamos imaginar, por um momento – quem sabe não é o seu caso? –, que você deseja desenvolver a benevolência.

Talvez você se pergunte: "Como posso fazer para que a benevolência se instale dentro de mim de maneira profunda e verdadeira?".

O objetivo não é encontrar uma resposta logo após a primeira sessão de meditação ativa.

É ao longo do hábito regular de meditar ativamente que surgem as respostas práticas, sempre relacionadas ao comportamento cotidiano.

Parar para meditar sobre a qualidade da benevolência que existe em nós já é um passo para um progresso significativo.

CRIAR UM HÁBITO

Em minha experiência como terapeuta, quando sugiro a prática da meditação ativa ou da reflexão sobre um objetivo pessoal interior, as pessoas experimentam primeiro uma falsa adesão, o que é muito compreensível.

Falsa adesão significa que o paciente ou o cliente parece ter aderido à proposta, mas não acredita, em seu íntimo, no que está sendo proposto.

Essa falsa adesão vem de diversos condicionamentos, tais como:

» eu não posso mudar
» isso não serve para nada
» esse método é estranho
» eu não vou saber fazer isso

Diante dessa falsa adesão, a atitude mais eficiente é a não violência, é não entrar em conflito com essa tendência a não querer realmente criar um hábito positivo de contato consigo mesmo.

A experiência mostra que, uma vez percebida e reconhecida a falsa adesão, fica mais fácil começar a aceitar a ideia de criar um momento de contato consigo mesmo.

DO CONTATO NASCE A LUZ

Essa expressão, que pode parecer muito poética, é, em realidade, uma técnica: ela indica o caminho na direção da disciplina dos benevolentes.

Obviamente ninguém deseja passar pelo encarceramento de Nelson Mandela. Mas, como ele mesmo declarou, na prisão, você tem todo o tempo para estar em contato consigo mesmo.

O que torna um pouco difícil que a benevolência se instale verdadeiramente é a tendência humana a fugir de si mesmo de diversas formas, inclusive pela "meditação evasiva".

Aprender e aceitar o contato consigo mesmo é o que torna nossos comportamentos mais visíveis, perceptíveis, conscientes e, portanto, faz com que nosso interior seja mais evidente e luminoso.

Resta, porém, essa pergunta básica e prática: por que fugimos de nós mesmos?

O APRENDIZADO DA FUGA DE SI MESMO

Era uma vez um país não muito distante onde os habitantes eram instruídos e cresciam acreditando que entrar em contato consigo mesmo era algo nefasto e não trazia nada de útil nem valioso.

Esse dogma não era declaradamente anunciado como uma regra que se aprende na escola e que se repete até que se saiba de cor.

Não, essa crença era transmitida de um modo sutil e de formas muito variadas.

As pessoas eram estimuladas, por exemplo, a se manterem preocupadas, a se divertirem para suportar melhor as preocupações futuras, a olhar com certo desprezo, às vezes "benevolente", qualquer pessoa ou grupo de pessoas que buscava se aproximar de si mesma.

O tempo servia para fazer coisas, para se ocupar ou se divertir, mas não para se aproximar de si mesmo.

E ainda diziam às pessoas, sempre de um modo sutil e diverso que, se elas se aproximassem de si mesmas, sentiriam dor e que tudo seria uma perda de tempo.

Inclusive, às vezes, apareciam pessoas que

explicavam, com livros e teorias, como fugir melhor de si mesmo e, assim, viver melhor. Era praticamente a elite de pensadores desse país.

Outras pessoas haviam aprendido, em outros países, a arte de fugir de si mesmo meditando.

Isso nada mais era do que outra forma de fuga.

Outros escreviam livros e apresentavam seminários sobre temas como: "Como ser amigo de si mesmo" ou "Como estabelecer um contato consigo mesmo", embora a verdadeira intenção inconsciente fosse como conseguir não importunar a si mesmo. Não era mais do que outra forma de escapar.

Assim, nesse país, a tradição de fugir de si mesmo vigora até hoje.

A DISCPLINA DO CONTATO CONSIGO MESMO

Como tudo o que existe no universo, a disciplina do contato consigo mesmo exige uma estrutura.

No universo, existem as estruturas das estações, do dia e da noite, do curso das estrelas e do movimento dos planetas.

Essas estruturas operam com uma fluência natural e nada têm a ver com algum tipo de luta ou esforço — como empurrar um carro em plena tempestade à noite e no frio! Não, é tudo muito mais simples, mais fácil e serenamente feliz!

A neurociência e, em particular, a coerência cardíaca demonstram que toda ação útil na neuroquímica do cérebro tem uma duração funcional de cerca de oito horas antes de voltar à neuroquímica condicionada.

Um exemplo de neuroquímica condicionada é o hábito de manter os hormônios do estresse num índice elevado.

Na prática, isso significa que, se você deseja realmente melhorar a sua relação consigo mesmo e com o seu entorno, se você quer ser uma pessoa mais consciente e, portanto, mais benevolente, você terá de incorporar um método, uma estrutura.

Essa estrutura consiste em dedicar três momentos do dia a entrar em contato consigo mesmo. A questão aqui não é a duração desse contato, que pode ser de apenas um minuto, mas o fato de ser três vezes ao dia.

Esse momento de contato segue o mesmo procedimento desde sempre e funciona da seguinte maneira:

» adotar uma posição confortável e fechar os olhos;
» tomar consciência de seu corpo sem esforço físico;
» tomar consciência da respiração expirando pela boca e inspirando pelo nariz;
» voltar ao contato com o corpo;
» abrir os olhos.

A neurociência já demonstrou que o contato sensitivo com o corpo e com a respiração favorece a secreção dos hormônios do bem-estar e melhora a sociabilidade. Sendo assim, como qualquer prática ou atividade, quanto mais se pratica, mais se alcança os resultados esperados.

RESULTADOS PREVISÍVEIS E CLÁSSICOS DA PRÁTICA DO CONTATO CONSIGO MESMO

Segundo a experiência, os resultados são os seguintes:

» redução do volume e da intensidade da ansiedade;
» redução do volume e da intensidade dos conflitos;
» redução do volume e da intensidade da depressão;
» aumento do sentimento e da atração pela sinceridade consigo mesmo;
» melhora da percepção de suas verdadeiras intenções e motivações;
» melhora da percepção do próprio ego.

Esses resultados previsíveis são animadores e, ainda assim, há "algo" dentro de nós que nos impede de

O êxito da não violência reside no fato de ela ser mais poderosa, forte e eficaz que a violência.

manter essa disciplina com facilidade.

Que "algo" é esse?

ESSE "ALGO" QUE DIZ NÃO À VERDADEIRA BENEVOLÊNCIA

Nas ciências antigas e em algumas representações religiosas, esse "algo" era descrito como o mal ou o ego, que se deveria odiar e combater, pois essa parte não desejava o verdadeiro bem para si mesmo e nem para os outros.

Nesse ponto, é importante voltar a analisar a noção de ego e mal, e o dito combate.

O fato de haver algo dentro de nós que se sente atraído pela vingança, pela destruição, pela maldade ou pela desarmonia é uma realidade histórica possível de ser averiguada, pois todos nós já experimentamos esse "eu dominante", como dizem no Oriente.

Toda sabedoria humana já falou — e ainda fala — em combater essa dimensão negativa.

A questão, aqui, é o método desse combate.

Levando em conta todos os êxitos pessoais de grandes sábios como Buda, Gandhi ou Mandela, o combate só é vitorioso por meio da não violência.

Não significa que a não violência seja mais fácil que a violência, muito pelo contrário. O êxito reside no fato de ela ser mais poderosa, forte e eficaz que a violência.

Se nosso objetivo de benevolência é claro e congruente, o combate deve ser dirigido para aquilo dentro de nós que não está interessado ou motivado em alcançá-la.

Esse combate não significa odiar esse movimento humano intrínseco nem entrar em guerra consigo mesmo. Essa atitude não dá certo, não se sustenta e gera a falsa benevolência.

Combater significa manter-se fiel a seu objetivo e não ceder à tentação, à atração pela vingança ou a algo que nos leva a fazer os outros se sentirem mal, e depois, sentir uma satisfação medíocre com isso.

As pessoas benevolentes, como Mandela ou Gandhi, são seres que, como todos nós ao menos uma vez na vida, se viram diante de "encruzilhadas comportamentais", onde tinham duas opções:

» ceder à atração da vingança, da violência
 e do rancor;
» não ceder à primeira opção.

Quanto mais nós nos habituamos a não ceder à primeira opção, mais incorporamos uma benevolência inconsciente.

A única luta real, aqui, é a de manter seu centro de consciência na benevolência.

Você não está em pé de guerra com a tentação de

se aborrecer ou fazer alguém sofrer. Simplesmente, não aceite esse convite.

Lutar contra uma tentação negativa, como a ansiedade ou a raiva, só reforça essa tentação e não fortalece de maneira alguma a incorporação profunda da benevolência.

Assim, podemos perceber que há um mal-entendido histórico sobre a noção de combate contra o ego ou esse "algo" negativo.

À medida que escolhemos o caminho da compaixão e da bondade, aumentamos a verdadeira benevolência. Por sua vez, vamos entendendo que entrar em guerra contra nossas tendências negativas é inútil e sem sentido.

O SÁBIO E O DIABO

Um sábio estava reunido com seus discípulos na sessão semanal de perguntas e respostas quando um deles levantou a mão e perguntou:

— Quem é o diabo?
— Você! Respondeu o sábio.

Concentrar-se de um modo tenso e combativo naquilo que consideramos negativo é uma maneira de lhe atribuir uma permanência que ele não tem.

Graças ao trabalho da neurociência, podemos falar

com mais precisão, hoje em dia, de condicionamento.

O atrativo desses condicionamentos reside na sua repetição cotidiana.

O ATRATIVO DOS CONDICIONAMENTOS

Citaremos alguns condicionamentos e, depois, falaremos de seu atrativo no comportamento humano:

» rancor
» raiva
» falta de sinceridade
» depressão
» ansiedade
» benevolência aleatória e seletiva
» gosto por conflitos
» rejeição de si mesmo
» falta de contato consigo mesmo
» falta de contato com o corpo
» falta de contato com a respiração
» falta de contato com aquilo que se experimenta
» rejeição da disciplina
» não valorização da harmonia
» não valorização da paz
» desejo de exercer poder sobre os outros
» desejo de ser visto e reconhecido

» capacidade de deixar os outros de mau humor
» capacidade de fazer os outros sofrerem

Entendam que todas essas descrições de comportamentos humanos não são julgamentos, e sim observações feitas para nos ajudar a verificar os condicionamentos que não se adequam ao objetivo nobre e válido ao qual estamos dedicados — ser benevolente — e desapegar deles, não por meio da luta, mas por desinteresse.

A atração que sentimos em aceitar esses diferentes condicionamentos provém, em parte, da repetição dos mesmos e, portanto, de sua facilidade neuroquímica em se reproduzir; e, também, da falta de um caminho, de uma técnica concreta para aprender a se desfazer deles.

Uma vez, em um momento de sinceridade, um paciente me disse: "Eu faço meus empregados sofrerem, inspirando-lhes medo, porque isso me dá prazer. Eu tentei parar com essa atitude, mas não senti nenhum prazer, então, continuei agindo da mesma maneira".

Eu poderia afirmar que a prática constante da benevolência gera um prazer de qualidade muito superior ao da prática do medo, mas isso só se aprende com a própria experiência.

Mais além do prazer imediato, de medíocres satisfações ao se exercer o poder de vingança, existe uma felicidade profunda e estável produzida pela compaixão e pela benevolência já estabelecidas.

É aí que encontramos uma via interior para a jornada até a bondade: o regime comportamental.

O REGIME COMPORTAMENTAL

Hoje, por bons motivos, também está em voga falar de jejum alimentar para a manutenção da saúde.

Todos aqueles que praticaram períodos de jejum terapêutico dirão que se sentiram melhor, mais leves, felizes e serenos.

Exatamente a mesma coisa ocorre no caso do regime comportamental que conduz à ancoragem profunda da benevolência no coração e na consciência.

No presente contexto, o regime comportamental se baseia no conhecimento de si mesmo, de maneira prática e cotidiana.

Um exemplo concreto: você meditou sobre um comportamento seu que quer amenizar, como falar agressivamente com um colega de trabalho que tem a capacidade de deixar você tenso.

O simples fato de meditar sobre essa situação real e cotidiana sensibilizará seu cérebro, seu ser, a estar mais vigilante a essa tendência de ser agressivo com essa pessoa.

Isso já é, em si, um excelente resultado!

Quando você meditar sobre uma situação ou uma atitude cotidiana que deseja amenizar, tenha em mente o seguinte: o tempo que você dedica para meditar sobre a mudança dessa situação aciona uma parte inconsciente positiva do seu cérebro.

A meditação ativa relacionada a situações cotidianas (família, trabalho, vizinhos, amigos...) proporciona, por si só, resultados imediatos.

Esse resultado imediato é a ativação de zonas cerebrais capazes de ajudá-lo de forma inconsciente.

A recompensa da meditação ativa reside na própria prática.

AS EXPECTATIVAS ILUSÓRIAS

É importante insistir, a exemplo de Gandhi e Mandela, que a meditação ativa está profundamente relacionada a comportamentos cotidianos que desejamos amplificar ou amenizar.

Na zona primitiva do cérebro, pode existir, por exemplo, a seguinte ideia: "Vou meditar sobre a relação com minha companheira para acabar com nossos conflitos".

É uma intenção boa e positiva. Mas saiba também que é muito normal e positivo você não encontrar uma solução assim que sair da meditação.

Meditando sobre esse tema muito nobre, o seu inconsciente vai se tornando mais sensível ao fato de você querer diminuir os conflitos.

Voltando à neuroquímica, seu inconsciente o tornará mais receptivo no exato momento em que você se dirigir ao conflito e aumentará sua capacidade de não escolher o conflito como via comportamental.

A ALEGRIA DOS BENEVOLENTES

A alegria dos benevolentes é uma alegria estratégica e natural.

Estratégica porque corresponde à compreensão real de que a alegria é a atitude que permite um acesso direto e mais estável à benevolência permanente.

E natural porque a benevolência não é uma criação humana, mas sim uma faculdade inerente que exige uma metodologia prática para ser ativada e estabilizada.

Vejamos o exemplo da "benevolência meteorológica".

É muito comum dizer que é mais fácil ser bom em dias ensolarados e quando estamos de férias. E é verdade.

Também é muito comum dizer que é mais difícil ser bom em pleno inverno e com dor de cabeça. Também é verdade.

Nesses dois casos, há uma atitude passiva que pode ser superada com uma técnica simples.

Na medida em que você adquire o hábito de dedicar três momentos por dia ao contato consigo mesmo e consegue meditar sobre situações cotidianas, você garante uma melhor gestão de sua benevolência.

Administrar melhor a benevolência significa aceitar plenamente que sua porcentagem de benevolência pode flutuar em função de vários parâmetros.

A porcentagem de benevolência de cada um varia em função do momento.

A PORCENTAGEM DE BENEVOLÊNCIA

Quanto maior for o contato consigo mesmo, mais se desenvolve a capacidade de ser sincero com sua realidade física, emocional e mental no momento presente.

O caminho ou a disciplina da benevolência permanece igual, mas é normal e humano que, dependendo das circunstâncias, a porcentagem oscile.

Reconhecer essa flutuação gera uma humildade orgânica e verdadeira que, por natureza, não busca nenhum reconhecimento.

Reconhecer essa flutuação interna contribui para o desenvolvimento de uma consciência mais contínua e estável sobre o conjunto de seus próprios comportamentos.

DISCIPLINA E ALEGRIA

A alegria e a disciplina podem parecer antagônicas, mas, na realidade, são duas atitudes que se fortalecem mutuamente.

A alegria de Gandhi ou de Mandela resulta de uma grande disciplina cotidiana que somos capazes de desenvolver, em nossa medida, no nosso dia a dia.

Nós já falamos da encruzilhada comportamental onde há duas opções:

» os condicionamentos negativos já bem conhecidos, como a raiva ou o estresse;
» a outra via.

A experiência humana mostra que, quanto mais percebemos esses momentos de encruzilhada comportamental, mais aptos estaremos para seguir a outra via.

Essa outra via é a da alegria, da compaixão, da benevolência e de estar a serviço do momento presente.

A primeira via não precisa ser criada, ela já está em cada um de nós. Para a segunda via poder funcionar, ela precisa apenas que, graças à disciplina adquirida, deixemos de cooperar com os condicionamentos negativos, tal como o atrativo da rejeição ou do rancor.

A disciplina não consiste em forçar a alegria, mas sim em aumentar a percepção das encruzilhadas comportamentais.

ENCRUZILHADAS COMPORTAMENTAIS

É importante redefinir, aqui, o que é uma "encruzilhada comportamental".

Uma encruzilhada ou interseção comportamental é aquele momento em que temos consciência de poder escolher uma atitude. Isso acontece mais de quarenta vezes por dia.

Na verdade, a escolha é binária: ou nos mantemos numa atitude limitante como a rejeição, a rivalidade e a tensão; ou simplesmente optamos não avançar por esse caminho.

E quando escolhemos não seguir por essa via, surgem várias possibilidades positivas, como a benevolência, a compaixão ou o desenvolvimento de uma relação pacífica verdadeira.

Sendo a outra via muito tentadora e "justificável", é importante dizer que você não sentirá uma grande alegria por não ter elegido essa via.

Inclusive, no momento da escolha, é provável que

você sinta uma frustração positiva, decorrente desse "algo" que não deseja o esforço sutil e simples da não violência e da consciência refinada.

A FRUSTRAÇÃO POSITIVA

Pode parecer paradoxal falar de frustração positiva. Devemos entender por positiva aquela parte de nós mesmos que, engajada no caminho da benevolência verdadeira, se ocupa de dizer "não" à outra parte que deseja ser violenta ou vingativa.

Essa "frustração" contém uma semente de paz profunda, porque fortalece nosso ser e nosso compromisso com a verdadeira benevolência.

Mas é nas provas do cotidiano, nas interseções comportamentais, que podemos medir, real e amavelmente, nossa capacidade de nos mantermos no caminho.

Manter-se no caminho significa que uma parte de nossa personalidade se sente frustrada por não ter podido se manifestar ou se realizar.

A NÃO COOPERAÇÃO DE GANDHI

Toda pessoa interessada no modelo de Gandhi

ou Mandela deve certamente conhecer a noção de não cooperação não violenta.

Ao falar da disciplina de ferro que impunha a si mesmo, Gandhi esclarece que essa disciplina nunca esteve baseada na violência.

A violência consigo mesmo, que pode parecer disciplina, na realidade não é. Essa atitude produz uma tensão interna e um enfraquecimento da capacidade de compaixão.

É por isso que, nas encruzilhadas comportamentais cotidianas, toda pessoa, praticante do caminho da benevolência, deve entender que a eleição da não violência não é uma escolha contra a agressividade, mas sim sem agressividade.

Nesse contexto concreto, você decide não cooperar com a agressividade.

O DESCONHECIMENTO E A REJEIÇÃO INCONSCIENTE DA DISCIPLINA

É muito interessante notar que mesmo com toda a admiração que sentimos por pessoas como Mandela ou Gandhi, não haja, de modo geral, um interesse pela base fundamental da autodisciplina.

Como me disse um amigo: "É como se quiséssemos sentir essa admiração para podermos preservar alguma fé na humanidade, sem nunca nos perguntarmos como aplicar esse modelo no dia a dia, com nossos próprios parâmetros pessoais (cultura, ambiente, temperamento...)".

A admiração que não conduz à ação cotidiana não tem nenhum valor.

UMA HISTÓRA REAL

Eis o que me contou uma pessoa que estava praticando a disciplina da benevolência:

> "No momento em que me encontrei diante de uma 'encruzilhada comportamental', podendo escolher entre rejeitar sutilmente o outro ou não, tive a força de não cooperar com essa proposta interior de rejeição. Senti, então, uma certa frustração por não poder saciar meu desejo de praticar a rejeição. Em seguida, essa frustração se dissipou e experimentei um sentimento positivo de paz e satisfação".

O PENSAMENTO PRIMITIVO

Esse pensamento primitivo deriva da crença de que podemos evoluir interiormente e ser cada vez mais benevolentes sem disciplina, sem autodisciplina.

Todo o universo é regido por leis; a sucessão da noite e do dia — e das estações — é evidentemente regida por uma disciplina.

Sem uma estrutura, sem um trabalho estruturado, é muito difícil conseguir aplicar esse modelo de Mandela ou Gandhi em nossa vida e em nossa medida. Essas pessoas são o resultado da aplicação de uma grande autodisciplina.

É necessário compreender que o contato consigo mesmo — como a disciplina dos três momentos do dia que sugerimos anteriormente — é uma forma de nos dirigirmos a uma benevolência que se tornará, progressivamente, mais real.

O ATRATIVO DA INDISCIPLINA

Do mesmo modo que temos uma facilidade relativa e positivamente condicionada para a disciplina exterior — como escovar os dentes todos os dias ou lavar a louça —, temos a facilidade inconsciente de sermos atraídos pela indisciplina interior.

A indisciplina interior pode tomar várias formas. Por exemplo:

» fugir constantemente de si mesmo;
» viver de uma forma violenta consigo mesmo;

» cooperar com os convites do ego (rejeitar o outro, dominar, sentir rancor...);
» achar que um caminho interior não é possível.

A ORIGEM DO ATRATIVO DA INDISCIPLINA

A origem dessa atração poderia estar em uma crença inconsciente no fatalismo e no pessimismo global.

Quando se começa a meditar sobre as diferentes formas de pessimismo, chega-se inevitavelmente à seguinte realidade: "O pessimismo consciente ou inconsciente é uma forma de indisciplina".

MANDELA, GANDHI E A DISCIPLINA VITAL

Na medida em que você passa a cultivar o objetivo interior de aplicar de maneira constante a verdadeira benevolência, você irá se conscientizar naturalmente, e cada vez mais, da noção de disciplina, de autodisciplina prática.

Mandela poderia ter seguido a via do rancor ou do ódio, mas esse caminho não correspondia, de forma alguma, ao seu objetivo essencial e congruente: a unidade.

Gandhi poderia ter se afastado da sua relação com a

não violência e com a compaixão ativa ou tê-la enfraquecido. Essas atitudes, no entanto, não correspondiam ao seu objetivo essencial e congruente: a unidade e a independência por meio da paz ativa.

Um atleta de alto nível segue um regime de vida (alimentação, sono, atividades...) para alcançar seu objetivo: vencer os jogos ou campeonatos.

Em geral, esses atletas têm um *coach* ou treinador para ajudá-los a alcançar seu objetivo.

No contexto espiritual e do desenvolvimento pessoal rumo à compreensão e à ação real e constante da benevolência, um *coach* se faz necessário.

Você deve ser seu próprio *coach*.

SER SEU PRÓPRIO COACH

Imaginemos que você decidiu seguir essa disciplina da benevolência e aplicar a estrutura de esforço diário, encontrando três momentos por dia, todos os dias, para se centrar e se manter em contato consigo mesmo, estabilizando e ampliando sua capacidade de benevolência real e autêntica.

Minha experiência me mostrou que é comum passar por momentos de pouca motivação, devido a crenças como:

» essa disciplina dos três momentos de contato
comigo mesmo não serve para nada;
» não estou fazendo nenhum progresso;
» não sinto diferença nenhuma desde que
comecei a praticar esse método;
» vou me esforçar mais tarde.

Ser o próprio *coach*, no que se refere à disciplina da benevolência, significa, entre outras coisas, ter consciência do fator "falta de motivação" e aceitar, livremente, ancorar-se numa compaixão ativa e constante para consigo mesmo.

POR QUE ESCOLHER A COMPAIXÃO, O PERDÃO E A PAZ ATIVA

É interessante perguntar-se por que pesssoas como Gandhi, Mandela ou o Dalai Lama escolheram a compaixão, o perdão e a paz ativa em vez da violência, da vingança ou da guerra.

Porque toda meditação sincera, toda disciplina sincera e toda reflexão altamente disciplinada chegam ao mesmo resultado: a compaixão ativa, o perdão ou a paz ativa são muito mais poderosos e eficazes do que a violência ou o ódio.

Quando compreendemos que a compaixão é uma ferramenta mais poderosa que a rejeição, em qualquer uma de suas formas, conseguimos então praticar a compaixão de maneira mais disciplinada e, portanto, mais livre.

COMPAIXÃO VERSUS REJEIÇÃO

Uma história real.

Um dos meus clientes me contou que, após um tempo de prática da disciplina da benevolência, ele havia constatado uma grande mudança na eficiência de sua secretária. Ele era dentista.

Graças à prática de nossa disciplina, ele conseguiu ter momentos de percepção sobre si mesmo e sobre sua atitude cada vez mais claros e frequentes. Assim, ele percebeu que tratava sua secretária com uma benevolência aparente, que, em realidade, não era verdadeira.

Por exemplo, mostrava interesse pelos assuntos dela, porém, com seu comportamento, transmitia indiferença em cada uma das respostas que ela dava.

Ele gostava de mostrar quem mandava ali, e inspirar medo lhe dava prazer. Ao tomar consciência disso, ele decidiu não seguir mais a via da não benevolência, que consistia em:

» perguntar à secretária como ela estava e transmitir indiferença;
» deixá-la com medo e sentir prazer nisso.

Trabalhar com a disciplina da benevolência requer um combustível, uma energia que se chama objetivo.

Ao manter essa decisão, ele percebeu que sua secretária estava trabalhando melhor e se mostrava mais alegre.

DEFINIR UM OBJETIVO

Trabalhar com a disciplina da benevolência requer um combustível, uma energia que se chama objetivo.

Refletir sobre o porquê de se querer desenvolver a benevolência ajuda muito a definir um objetivo, que, por sua vez, será uma fonte natural de disciplina.

Vejamos o exemplo de Mandela: seu objetivo pensado, meditado e essencial era a unidade.

Tendo como objetivo vital a unidade, a disciplina para alcançá-lo se instalou naturalmente e indicou a rota comportamental — inclusive nos momentos de encruzilhada comportamental em que pode ocorrer a retomada de um caminho de desunião.

Cada um dos três momentos da estrutura da disciplina da benevolência é uma oportunidade de recordar, naquele momento, qual é o objetivo.

INTELECTUALISMO E FALTA DE OBJETIVO

Na área do pensamento primitivo que todos nós

temos, existe a ideia de que todas as soluções para se alcançar o desenvolvimento pessoal, como se voltar para a benevolência, vêm do intelecto.

Assim, muita gente lê vários livros, assiste a muitas palestras ou seminários relativamente caros, acreditando encontrar neles o alimento intelectual que a ajudará a achar uma solução.

Essa estratégia não funciona; apenas conduz a uma compulsão por livros, palestras e conferências. O que não significa, de maneira alguma, que sejam inúteis. Porém, eles só têm sentido se já estamos fazendo um trabalho com um objetivo pessoal duradouro e sério, como a benevolência constante ou a compaixão ativa.

PROVÉRBIO ORIENTAL 1

Um minuto de contato consigo mesmo vale mais que a leitura de dois mil livros.

RECAPITULANDO A ESTRUTURA DA DISCIPLINA DOS BENEVOLENTES

Vamos recapitular a estrutura de trabalho.
Praticar a disciplina dos benevolentes supõe seguir livremente algumas regras:

- » dedicar três momentos por dia ao contato consigo mesmo e com seu corpo;
- » meditar de vez em quando sobre situações da vida cotidiana e como conectá-las ainda mais à sua capacidade de benevolência;
- » compreender, praticar e sentir o conceito de encruzilhada comportamental.

MANDELA, GANDHI E O DALAI LAMA

Tenha em mente que todas essas figuras que tanto admiramos estão sinalizando que alcançar a benevolência é possível.

A admiração deve nos conduzir à ação que, por sua vez, nos levará a uma disciplina amável e sólida.

O sentimento de admiração é o despertar de nossa capacidade de seguir, com disciplina, um caminho que nos leva a ser uma pessoa do bem, ou nos conduz ao caminho firme do ser.

PROVÉRBIO ORIENTAL 2

A disciplina do coração e do espírito torna o homem livre e bom.

CONCLUSÃO

Esse ensaio prático sobre o caminho da disciplina da benevolência tem como função ser claro e simples.

Cabe a você seguir livremente por essa via com plena consciência, como Mandela e Gandhi.

Você tem em mãos um manual de instruções que espero estar claro.

Trabalhe com disciplina e com o coração, como fizeram Mandela e Gandhi, seus Amigos guias, e você obterá resultados profundos que ajudarão você e as pessoas a seu redor.

ESTE LIVRO FOI COMPOSTO EM SCALA,
FONTE CRIADA POR MARTIN MAJOOR EM 1990,
E IMPRESSO EM PAPEL PÓLEN BOLD 90G/M²
PELA GRÁFICA VOZES EM JULHO DE 2020.